# Avant de commencer…

1 Rassemble tout le matériel nécessaire énuméré en haut de chaque page. Collectionne tout ce qui peut servir à des bricolages: coquillages, capsules, etc.

2 Recouvre la table de papier journal et mets un tablier.

3 Lis attentivement les instructions. Attends toujours que la colle et la peinture sèchent.

4 N'utilise les ciseaux et les couteaux qu'en présence d'un adulte.

5 Quand tu as terminé une activité, lave-toi les mains et range tout ton matériel.

A DORLING KINDERSLEY BOOK

**Écrit et édité par** Dawn Sirett et Lara Tankel
**Adaptation** Nicole Halleux
**Directrices artistiques** Mandy Eary et Mary Sandberg
**Conception additionnelle** Veneta Altham
**Directeur artistique délégué adjoint** C. David Gillingwater
**Production** Fiona Baxter
**Dib, Dab et Dob réalisés par** Wilfrid Wood
**Photographies** de Alex Wilson et Norman Hollands
**Illustrations** de Peter Kavanagh

Titre original: Play and Learn
Making things

Publié pour la première fois en Grande-Bretagne en 1997
par Dorling Kindersley Limited,
9 Henrietta Street, London WC2E 8PS

Copyright © 1997 Dorling Kindersley Limited, London
Text Copyright © 1997 Dorling Kindersley Limited, London
© 1997 Édition française: Le Ballon SA,
Malle / Belgique.
Tous droits réservés.

ISBN 90 374 2685 9
D-MCMXCVII-4969-146

Reproduction des couleurs Colourscan, Singapour
Imprimé et relié à Hong Kong par Imago

# ACTIVITÉS SIMPLES
# J'apprends à Bricoler

Avec Dib, Dab et Dob

**Le Ballon**

peinture — pinceau — cuillers en bois — carton — ciseaux

# Marionnettes en cuillers

Dessine un motif sur une cuiller en bois.

Découpe des pattes ou des oreilles dans du carton et colle-les.

Colle des cure-pipes ou de la laine pour faire les cheveux, les cornes ou les antennes.

 ciseaux   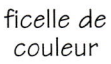 ficelle de couleur   macaronis

# Bijoux en macaronis

Coupe un morceau de ficelle dépassant légèrement la longueur d'un collier.

J'ai fait un nœud à un bout de la ficelle pour retenir les pâtes.

Enfile les macaronis sur la ficelle.

 grandes feuilles de papier de soie
 feutres
 ciseaux
 colle vinylique

# Cerf-volant en forme de poisson

Plie en deux un rectangle de papier de soie.

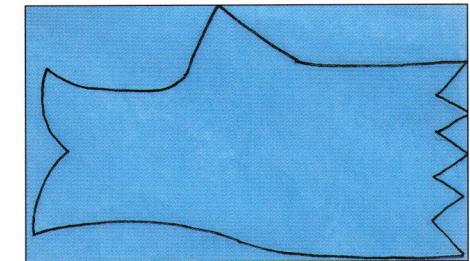

Découpe la forme du poisson. Colle ensemble les deux longs côtés, sans coller la queue ni la bouche.

# Et hop! C'est parti!

Passe un long morceau de laine dans les deux trous. Fais un nœud à chaque bout.

Le papier collant sert à renforcer les bords des trous.

Essaie d'autres modèles comme une fusée, par exemple.

 riz   deux gobelets en plastique  ruban isolant   colle vinylique   boutons

# Des maracas

Verse du riz dans un des gobelets.

Cela devrait suffire.

Retourne l'autre gobelet et colle-le au premier.

 ciseaux    carton    laine    colle vinylique    faux yeux

# Des pompons en laine

Demande à un adulte de découper deux anneaux en carton de la même grandeur.

*Bobine la laine autour des anneaux en passant par le trou.*

Tiens les deux anneaux ensemble et bobine de la laine autour des deux.

# Bêtes en laine

Colle sur ton pompon des yeux, du feutre et des cure-pipes pour en faire un animal.

 boîtes vides  peinture  pinceau  colle vinylique  morceaux de papier

# Horrible monstre

Rassemble plusieurs boîtes pour en faire un monstre. Peins-les et attends qu'elles sèchent.

Assemble ensuite les boîtes et colle-les.